BÁTRAKHOS

WAGNER RODRIGUES

KHOS
ENCONTROS E DESENCONTROS

TALENTOS DA LITERATURA BRASILEIRA

SÃO PAULO, 2017

Bátrakhos: encontros e desencontros
Copyright © 2017 by Wagner Rodrigues
Copyright © 2017 by Novo Século Editora Ltda.

AQUISIÇÕES
Cleber Vasconcelos

COORDENAÇÃO EDITORIAL
Vitor Donofrio

EDITORIAL
João Paulo Putini
Nair Ferraz
Rebeca Lacerda

PREPARAÇÃO E REVISÃO
Equipe Novo Século

PROJETO GRÁFICO
João Paulo Putini

CAPA
Dimitry Uziel

Texto de acordo com as normas do Novo Acordo Ortográfico da Língua Portuguesa (1990), em vigor desde 1º de janeiro de 2009.

Dados Internacionais de
Catalogação na Publicação (CIP)

Rodrigues, Wagner
Bátrakhos: encontros e desencontros / Wagner Rodrigues.
Barueri, SP: Novo Século Editora, 2017.
(Coleção talentos da literatura brasileira)

1. Poesia I. Título

17-1168   CDD-869.8

Índice para catálogo sistemático:
Poesia: Literatura brasileira 869.3

NOVO SÉCULO EDITORA LTDA.
Alameda Araguaia, 2190 – Bloco A – 11º andar – Conjunto 1111
CEP 06455-000 – Alphaville Industrial, Barueri – SP – Brasil
Tel.: (11) 3699-7107 | Fax: (11) 3699-7323
www.gruponovoseculo.com.br | atendimento@novoseculo.com.br

Meus poemas seguiram minha vida e serviram-se dela. Alimentaram-se das minhas coisas de criança, do amor que surgiu cedo e do tempo e espaço que ocupo. Muitos dos poemas tinham um leitor certo, minha companheira e cúmplice na vida. A você, Vera Meide, dedico este livro.

INTRODUÇÃO

Bátrakhos – encontros e desencontros é o primeiro livro de poemas que publico, incentivado pelo Grupo Editorial Novo Século, por meio do selo Talentos da Literatura Brasileira.

Bátrakhos, uma palavra onomatopaica em grego, é a origem etimológica de batráquio, genérico para sapo, rã, perereca e outros da espécie.

O sapo, até pela sua feiura e asquerosidade, é tema de vários mitos e fábulas. A bruxa malvada transforma o belo príncipe em sapo até que o beijo generoso da pureza quebra o feitiço. Esopo fez o sapo, invejoso do tamanho do boi, estufar-se até estourar. Na parábola sobre caráter, o encontro do sapo com o escorpião na travessia do lago provoca a morte dos dois.

A figura de sapos e gatos nos meus poemas são símbolos desses encontros e desencontros, da paixão incondicional até a morte e da solitude.

Meu interesse pela física e procura por resposta às questões essenciais animam asteroides e fenômenos cósmicos, atribuindo-lhes sentimentos. Trazem, também, minha forma de oração, minha conversa com Deus.

Bátrakhos – encontros e desencontros fala de alteridade e visita à singularidade tanto na filosofia quanto na física modernas. Traz à tona angústia com a existência, a consciência, o tempo e a finitude.

O livro é um pouco disso tudo, com meu próprio jeito de dizê-lo.

SUMÁRIO

ORAÇÃO	11
"CAÇANDO PIGMEUS"	13
O ÚLTIMO RAIO DE SOL	15
ADEUS "VIGARISTA"	17
POEMA DO QUE NÃO VIVI	19
MORTE	21
ANGÚSTIA	23
O CATA-VENTO	24
BÁTRAKHOS	27
FEIRA DE CIÊNCIA	29
SONETO A RAQUEL 2015	31
SERÁ QUE O AMOR É CHAMA?	33
SONETO DO GATO	35
XIMBURÉ DO BARRO	37
APITO DO TREM	39
TEMPO E ESPAÇO	41
O LAGO	43
CARAVELAS	45
A FOLHA PARREIRA	47
BARDOMÁTICO, O AMOR COMUTATIVO	49
CONFISSÃO	51
O GATO PARDO	53
O METEORITO	55
INFINITO	57
EINSTEIN	59

BURACO NEGRO	61
FÉ	63
QUADRINHAS EM ÃO PARA UMA MENINA	65
O EREMITA E AS ESTRELAS	67
SEGREDO	69
SONHO	71
HERANÇA	73
EQUAÇÃO DO TEMPO À MEIA LUZ	75
ETERNIDADE	77
TICKA	79
RETRATO	80
PIPO	83
MINHA CRIANÇA	85
IMAGENS	87
CONVERSA COM DEUS	89
A GRANDE MERCEARIA	90
COISAS DA FÍSICA E FILOSOFIA	93
BIG-BANG	95
SOLIDÃO	97
POEMA DE OCUPAR ESPAÇO	99
ENCONTRO	100
O QUE DIZER A KISSY	102
LOIRINHA	105
CHOICE AND FAITH	107
AMIGOS	109
O POETA	111

ORAÇÃO

Procuro tua face entre galáxias e estrelas.
Revolvo moléculas, átomos e partículas gregas.
Na vastidão dos oceanos,
Na imensidão do universo,
Na infinitesimal parte da matéria vasculho...
E só encontro o véu imenso que cobre o teu rosto.

Ouço muitas vozes em montanhas e desertos,
Sons de riachos irrequietos, de ventos instáveis,
Vozes de tormentas indecifráveis
E ensurdecedores sons de estrelas deglutidas.
Será alguma delas realmente a tua?

Quiçá nem mesmo fales
E o que ouço são ecos de vozes primárias
Que voltam do infinito.

Talvez nem te ocupes de existir...
Me abandonas desesperançado,
Procurando e procurando...
Até que eu mesmo me junte a ti.

"caçando pigmeus"

Manchete da *Gazeta Mercantil* de 22/08/1996

Dois elefantes e cinco "Please-no's"
Diz a pilhéria do nosso polaco
Que ao menos tinha a seu favor o fato
De escassear-lhe a astúcia, não o trato.

Explícita, tal manchete ali escrita
Não surpreenderia o leitor.
Explorar-lhe a metonímia, entretanto,
Intencionava sagazmente o redator.

Acusavam as estatísticas!
Submersos atrás dos volantes
Terríveis perigos traziam,
No trânsito, aos viajantes.

Quanto à dita manchete
Com ares de limpeza étnica...
Eram as carteiras de motorista
A que se referia o jornalista.

O Último Raio de Sol

Sentado ao pé do poente,
Admirava-o.

Curioso na madrugada explodira
Em luzes e cores na manhã resplandecida.

Crescera em calor e brilho
Até o esplendor do pleno dia.

Prevendo a noite, trouxera a tarde sem pressa,
Sereno, estendendo sombras no caminho.

Assim, já rumo ao poente,
Era só memória ardente daquilo que fora o dia.

Findava, como a vida, no extremo horizonte,
Lançando o último raio de sol.

A morte era sua noite.

adEUS, "VIGARISTA"

O "VIGARISTA" se foi!
Meu amigo, companheiro.
Foi popular na pobreza das vilas,
Nos bares de balcão roto, com bancos de caixote.

O "VIGARISTA" se foi...
Deixando apenas as minhas recordações
De menino aprendiz da vida.
Foram-se as pescarias...
E os passeios a lugar nenhum.

Poema do que Não vivi

Se ao menos soubesse
Da falta pra mim,
Talvez eu devesse
Ter dito que sim.

morte

Uma dor aguda no peito...
Uma angústia sonolenta...
Um grito mudo, enfim...
A leveza da inconsciência,
Remissão da inexistência,
A mansidão do nada.

Nos brandos passos atemporais
Um caminho sem conflitos.
As feridas finalmente entregues
Aos germes vorazes do além.

Chegue até junto a Deus
E assista à nudez de minha alma.
Se olhar entre os destroços,
Se revolver os escombros...
Certamente encontrará meu amor.

angústia

Se a Deus eu soubesse
Ainda rogar,
Talvez eu pudesse
Ao menos chorar.

O Cata-

Se batia o vento sul
Que açoitara os pampas gaúchos,
Onde o cavaleiro guapo joga o laço
E queima a ferro em brasa o novilho fogoso...
Se bramia o vento que levantara a terra roxa
Vazando cafezais entre suas folhas
Rumo aos fumos da cidade grande...
Se batia o vento sul,
Um vento frio, um vento forte,
O cata-vento rodava, rodava, rodava.

Se batia o vento leste
Que roubara cúmulos do Atlântico,
Suportara o planar da gaivota
Ao singrar nos chuvisco das ondas...
Vento que marcara a pele rota do caiçara corajoso
Que aceita o desafio da vida
E da vida seus caprichos, como o tempo...
Se batia o vento leste,
Um vento úmido, um vento denso,
O cata-vento rodava, rodava, rodava.

Vento

Se batia o vento norte
Vindo das florestas densas e copadas
Onde figueiras reinam sobre a mata
E seringueiras de sangue alvo
Vertem seiva que tanto sangue custou...
Vento que abraçara o Amazonas imenso
E conhecera o guará, o queixada,
O macuco, o macaco e a onça pintada,
Até juntar-se ao vento seco dos sertões
Onde outro valente vive sua morte
Ou, fugindo, morre sua vida...
Se batia o vento norte,
Um vento lento, um vento santo,
O cata-vento rodava, rodava, rodava.

Era sempre assim
A qualquer vento,
A qualquer tempo.

Se batia vento,
O cata-vento rodava, rodava, rodava.

BÁtra
khoS

Figura ascorosa e assaloiada
De coaxar grave e escabroso.
Pousa no charco a criatura
Inchando o papo trompete
Que lembra em forma o jazz
Tocado à Dizzy Gillespie.

Mas eis que surge a linda garça.
Na suavidade de sua graça silente,
Em traços alvos e delgados
Presta ao pântano sublime arte
Que a fealdade do sapo
Quase desaparece.

O anfíbio pasma que no brejo
A linda garça repouse tão lá perto,
Com suas lindas penas e pernas tão esbeltas.

Então a garça dele se aproxima...
Roça suas plumas, toca com bico...
Que seu coração dispara além da morte.

FEIRA de CIÊNCIA

No banhado da baixada,
Entre taboas e aguapés,
Coaxava na chegada da noite
Um sapo de olhos saltados,
Asqueroso e peçonhento
Que rumina e engole vento.

Um grupo de três estudantes,
Armados de fisga e lampião,
Visam-lhe caça e confiantes
Cumprem repugnante missão.

Era um sapo boi enorme
Que na bancada jazia.
Todo aberto era disforme,
Seu coração ainda batia.

Para um sapo boi agourento,
Nenhuma lágrima, nenhum lamento.

Soneto a Raquel

2015

Jacó moderno!
Perdeu o manto, está usando terno...
E Raquel é tão Jacó, quanto Jacó é Raquel!

Labão conservou a usura,
Tem a sede em Singapura,
Empresa multinacional.

Já o pastor, sem seu cajado,
De sete em sete, o coitado,
Pasta a si na grande empresa,
Com a papelada na mesa.

Sete e sete são catorze,
Com mais sete, vinte e um,
De tantos anos servidos
Se acaba vivendo nenhum.

Será que o AMOR é CHama?

Teria Vinícius razão ao lembrar Luís
Que disse tanto e ainda diz
Sobre a chama do amor noutro inverno...
Mesmo infinito, jamais seria eterno?

Leve a memória para muito e muito atrás.
Lembre-se da história do navio afundado,
Do corpo que em papos de peixe ora jaz,
Do livro tão lido e admirado.

O pobre Luís amou, mas não Dinamene.
Luís amou suas páginas! Mas não o condene,
Pois estas nossa vida transformou.

O amor paixão que é chama que apaga o vento,
Ou que, passado um tempo, extingue-lhe o unguento,
Só distingue de si o que é o amor.

Soneto do gato

A noite fria e clara
Da luz branca da lua cheia,
Vigiava seus passos, quase alheia,
Camuflando o longo olhar na nuvem rala.

Era firme e úmido o chão pisado,
Era telhado de sereno salpicado.
Se hesitava o passo, um pouco, o gato,
Não era o céu ou a terra a razão para este fato.

Na alçada felina seguia cuidadoso,
Temendo a sombra negra que caia na parede
Qual um gato estrangulado de teimoso.

Como silhuetas na noite, era figura
Que está ali para ser notada.
Ficar assim... para assim mesmo ser amada.

Ximburé do Barro

Peixe feio, peixe bobo,
Meio enterrado no barro.
Fica no meio do lodo
Onde surge a garça branca
Que para comer guaru gordo
Do negro cardume o arranca.

Cobra lisa de pouco veneno
Sai por detrás da taboa.
Finca os dentes no ximburé pequeno
E o tira fora da lagoa.

Timburé já quase morto
Nem se mexe, coitadinho!
Sabe que é comida de cobra...
Branqueia os olhos
E morre
Quietinho.

apito do trem

Quando ouço o silvo rouco
Que o vento de longe traz,
Esvai-se em mim a certeza
Das coisas que eu sei.
O que imagino cobre
Toda minha realidade.
Nada é certo ao sentimento,
Nada mais é só verdade.

A geografia sabida
Perde-se no pensamento.
O destino definido
Já não é mais itinerário.
Perdido no meu momento,
Vaga o trem já sem destino,
A rolar em sentimento
Nos trilhos do imaginário.

O som que me traz o vento
Transforma-se em procissão
De mil vagões peregrinos
Cantando a mesma canção.

Transcende o conhecimento,
Já não me importa a razão.

Tempo e Espaço

Algo de estranho ocorre
Quando se entra num trem.
Só a lógica não explica
O que aos sentidos nos vem.

Há um espaço que surge
Em outra realidade,
Não de sonho ou fantasia...
Bem mais perto da verdade.

O tempo então se destaca
Do tempo cotidiano,
Um tempo fora do tempo,
Mas real, não há engano.

O trem ganha novo sentido
Que o habitual desconhece.
Ao viajante colhido
E acolhido oferece
Experimentar um sentido
Que da viagem floresce,
Pois só ali é vivido,
Só neste tempo acontece.

Então, entre e aproveite
O que ele tem a lhe dar.
Entre apenas e aceite
Estar e deixar-se levar.

o Lago

Chegamos assim muito cedo
Que o lago ainda dormia.
Envolto na bruma da noite
Uma nuvem estendida o cobria.
Não ousava o vento letargo
Soprar na manhã que nascia.

A face do lago espelhada
À serração se rendia.

Então uma onda se lança
Em círculos que se multiplicam.
Ferozes na origem avançam,
Crescem, esmorecem
E se esvaem em lembrança.

Seria um peixe,
Quem sabe um pingo
Ou uma pedra caindo?
Foi da garça que planava,
Do saci pregando peça
Ou da mãe-d'água em camuflagem
Atraindo, atraindo...

CaRa VELAS

Do Tejo partiam as naus
A descobrir novos mundos,
Desafiando tormentas
Em oceanos profundos.

Carregavam água doce
E um bocado de vinho,
Para chegar onde fosse
Desconhecendo o caminho.

Bons leitores de estrelas
Apontavam ao ocidente
As proas de suas naves
Que singravam imponentes.

No Tejo os esperavam
As mulheres em temores,
Saudosas de seus parceiros,
Chorosas sem seus amores.

Hoje o Tejo é só lembrança
Das aventuras e tristezas,
Pois é certo que alguns voltaram,
De muitos não há tal certeza.

Sem seus reis, se acabaram
As aventuras dos lusos.
Nesta Europa não vingaram,
Só lá estão, tristes, confusos.

a folha da parreira

De um vento mais forte
Numa nuvem de poeira,
Acaba chegando do norte
Uma folha de parreira.

Vinha rasgada e quebrada
Da rudeza do caminho,
Mas trazia nos sulcos marcada
A ternura do carinho.

Intrigado com a poesia,
Indaguei à criatura
Por que amor haveria
Depois de tanta tortura.

E como resposta não vinha,
Pois a folha não falava,
Caminhei eu para a vinha
Já que a noite não tardava.

Um pequeno regatinho
Me reteve a caminhada.
Nele havia um raminho
Que a água carregava.

O ramo, à sua maneira,
O mesmo poema trazia.
Também viera do norte
Como a folha da parreira.

BARDO
mático
o AMOR
comu
tativo

No início, à criancinha
O amor nem é fechado:
Ama os pais, a bonequinha,
O Brasil e seu quadrado.

Tempo e meio vão cozendo,
Fazem o jovem não passivo:
Das mil questões sem resposta,
Do amor reflexivo.

Vai do caixeiro viajante,
Transitivo como amante,
Ao de Cristo de fim tétrico,
Cujo amor é até simétrico.

Do Hippie, herói lascivo,
Do amor associativo,
Ao do frio e cruel Criador:
Elemento neutro no amor...

Mas, chega a quem, para ser feliz,
Tem o amor que sempre quis,
Por ser de suas variantes
O melhor representante:
O amor real e ativo,
O amor comutativo.

CONFISSÃO

Devo estar louco
De pensar há pouco
No que pensei um pouco.

O Gato
Pardo

Apático vulto desfila no telhado.
O frio da garoa é seu companheiro
Na noite vazia da lua esquiva.

Sorrateiro, se mistura aos fumos
E o fumo contorno é seu cativeiro.

Na noite, a silhueta é vulto dinâmico
Que surge num susto
E some no resgate da razão.

Será que chora? Será que ama?
Nesta escuridão da noite é só um gato.
Num esforço extremo, um gato pardo.

O meteorito

Do infinito escuro,
O pequeno astro ensaiou seu passo.
Atirou-se no impulso e morreu desintegrado.

De fogo foi seu corpo queimando,
Chorando fagulhas de granito fundido,
Fluindo no atrito, corando,
Cozido na sedução fatal.
Arriscar, querer, voar.

Mas quem dá a vida
Espera algo dela.
Uma coroa florida,
No altar uma vela...
Ou a lágrima corrida
No pesar dos olhos dela.

infinito

Ao infinito chego
Na eternidade dos passos.
No infinito entro
Nas partições dos pedaços.

Quanto mais busco
Na angústia da espera,
Mais louco me sinto
Em meu caminho na esfera.

EINS
TEIN

O tempo, absoluta grandeza,
Sob a luz do pensador,
Em parabólica safadeza
Transformou-se em divisor.

buraco NEgro

Há um ralo
No infinito escuro
Engolindo astros,
Envergando tempo-espaço.

Mandíbulas vorazes
Vomitam raios x.
Articulados nelas
Agonizam braços de luz.

Titã na mamífera
Elipse nebulosa.
Sua avareza extrema
Suga astros e estrelas
Na força fabulosa.

Laringe formidável
De estrelas deglutidas,
Nascidas da energia,
Na energia consumidas.

Ínfima realidade
Ao espaço nu.
Fugaz momento
Perante a eternidade.
Ou não.

fé

E aí?
Você acredita?
O sol que está ali, esteve ali há oito minutos?
E aí?
Você acredita?
A nebulosa que está aqui esteve ali há cento e
[setenta mil anos?
E aí?
Você acredita?
Tudo o que está ali, mas tudo mesmo, não estava
[ali há quinze bilhões de anos?
E na sua medida? O tempo? Para quem?

quadrinhas em ão para uma MENiNA

Para atravessar a rua, menina,
Menina, me dê a mão,
Se você se machucar, menina,
Vai quebrar meu coração.

Assoprei devagarzinho
A bolhinha de sabão,
Que voou para ver Maria
E voltou para ver João.

O EREMITA e as estrelas

Só,
Como o vento do deserto
Que sopra alheio, incerto,
Sem saber a que ferir.
Da vida o corpo queimado,
Cozido do sol e curado
Na aurora abrumada,
Manhã azul e dourada
Que a noite fez surgir.

Vagueia em campo aberto,
Sobre a relva rala, orvalhada,
Onde vem ciscar a juriti
Que pia na tarde chegada,
Arrulha ao anoitecer,
Mas, na madrugada,
Deixa o canto ao bem-te-vi.

Vêm a noite e as estrelas
Surgidas da lua esquiva, alheia,
Que nas nuvens foi dormir.
O homem para, treme e pensa
Se há motivo ou eloquência
Ser ou estar caminhando ali.

Segredo

O fantasma do tempo foi chegando devagar,
Trazendo em sua bagagem histórias de não se
[contar.
Memórias que se perderam em sinapses proibidas,
Querências que esvaneceram de histórias não
[vividas.

Lembranças que se vivemos nossa mente as oculta
Sob véus que as encobrem e não lhes permitem
[saída.
Angústias ou desejos deixados lá no passado,
Coisas que não se tocam, enredos não desvendados.

O fantasma do tempo, se encontrou, não os revela,
Guardados esses segredos já mofados em arquivos
De nuvens que os protegem, a névoa em sentinela
Da psique que os esconde e não nos mostra os
[motivos.

Deles só se apresentam espectros que nos
[assombram
Em sonhos que não pedimos, mas afloram em
[nossa mente.
A razão não os compreende, seus códigos não se
[desvendam.
Mas o gume da sua arma corta e rasga ferozmente.

SONHO

Tortura
Doce tortura
Invade
Descobre
Atrai

Prazer
Na minha loucura
Na minha alma
Na sua mão
Na sua boca
Na minha boca
Na sua louca calma

Sonho
De tentar
Deixar
Ficar
Corar
Sufocar
De deixar escorrer o gosto
De deixar de olhar no rosto
De fingir que não viu
Que não foi
Que não soube
Que não houve

herança

Tenho um rosto
E muitas almas,
Todas ávidas por dizer
A meu corpo
Das maldições da vida,
Deste flertar com a morte.
Sou a lusa Pátria
Ao entardecer.

Esta minha noite é só história
De naus, reis pútridos em sua glória.
Não há esperança.
Criei em mundos recomeços
Já condenados pela herança,
Natimortos em seus berços.

Nesses Brasis, nessas Angolas
Não há porvires.
Sofrem da descendência.
Pesadelos habitarão suas almas,
Danação implacável assombrará,
Ao fecharem os olhos,
Os seus dormires.

equação de tempo à meia luz

Se ao Sol pudesse ir
À meia de um feixe de luz
E voltar
Sem morrer no itinerário,
Esses trinta e dois minutos seriam só meus,
Os seus, só dezesseis!

Encurtaria o caminho,
Contrairia o corpinho

eternidade

A eternidade é logo ali
Logo após o tempo todo
No início do que não começa
Bem depois do que não cessa

Ticka

Sua breve vida
Encheu minha lembrança
De folguedo e de atiça.
Grato por me dar tempo
De mudar o que sentia.
Somente me desculpe
Por não ter o seu suspiro
Nos meus braços, quando ia.

Minha pequena sapeca,
Aos seus pulos flutuantes
Minha agnóstica oração...
Porque correu, correu feito louca,
Trazendo um raminho na boca,
Mas num minuto se foi...
Não depois de me olhar nos olhos
E marcar meu coração.

retr

Criança,
Vestido rendado
Com seu laço de fita.
Eu não sei o que fita
Seu olhar intrigante
Que não sei o que é.

Doce
Forte
Frágil
Pose

Menina,
Encontrei-te um dia.
Não me ama,
Me ama,
Não me ama
Seu olhar intrigante
Que não sei o que é.

ato

Forte
Doce
Frágil
Pose.

Mulher,
Roubou minha alma.
Sonhos,
Dores,
O que sei
E o que seria
Seu olhar intrigante
Que não sei o que é.

Frágil
Forte
Doce
Pose.

PiPO

A você – meu cão sincero –
Que sofreu com galhardia,
Derramo esta lágrima agora
Por não te amar quando devia.

minha criança

Estava tão perto, minha criança,
Tão perto que não pude ver
O amor que insistia dar
E o amor que precisava ter.

Por que só agora, minha criança,
O amor que já não posso dar,
O amor que não consigo ter...
Só agora consigo ver.

imagens

A lua turva
O vento forte
As nuvens negras
O sopro do norte

Sons de passos no asfalto
Fantasmas de luzes refletidas
Sombras de árvores e postes
Emaranhados de hastes ressequidas

Muro de ramas e outro
Um ladrilho solto e outro
Uma luz queimada e outra
Uma noite achada e outra e outra

Uma dor no peito
Um suspiro forte
Uma madrugada
O sono da morte

Conversa com Deus

Bom dia, Criador!
Espero encontrar-te sendo,
Espírito que voa sobre as águas.

Espero que concedas
A mim, fruto da criação,
Os meios de conhecer-te
Em sentimento ou razão.
Te reveles destas vestes
A esses olhos que me destes.

Sei que fé é só embuste
A levar a outros deuses,
Desses que inventamos
A servir nossos propósitos.
Quero a ti real e vero.
Conhecer os teus mistérios.

Se estar não te permites
Ou ser não te compraz,
Espero que, sendo sincero,
Mesmo assim te reveles.
Pois estou aqui e a ti espero.

a GRANDE

Chegara o dia anunciado, afinal!
Sem surpresas, tudo ocorria tal qual.
Muita gente entrava, muita gente saía
Pelas portas escancaradas da grande mercearia.

Na derradeira tarde do derradeiro dia,
O grande balanço teria que acontecer.
Dos lucros, das perdas, da valia,
Justiça aos furtos, reparos a receber,
Ou perdão no derradeiro ato.
Alguma confissão a fazer?

Era já tarde e todos saíam.
Uns contentes das boas compras,
Outros frustrados, descontentes
Sem levar o que queriam.

Todos, um a um, passaram pela fachada.
A última saída. A vez final.
Lá fora já não sorriam, não sonhavam,
Apenas pisavam nos degraus gastos
De tantas vezes pisados
Que não o seriam nunca mais.

mercearia

Então tudo ficou tão só, tão quieto,
Completamente vazio, tão vasto
Que tremi ao ouvir os ecos de seu passo.

Trazia um semblante plácido, incontrito,
Como que se supõe ser o que já é.
Levantou seu rosto, dirigiu-me o olhar
E seguiu seu curso para nunca mais.

Fecharam-se para sempre
As portas da Grande Mercearia.

coisas da FÍSICA e FILOSOFIA

Simultaneidade são eventos
Que podem ser e podem não ser,
Para um sistema parado
E outro que se está a mover.

Sincrônicos são fatos,
Sem ter mesmo um porquê
Que estão, assim, correlatos.
Mistérios da Psiquê.

Eventos distantes
De que se sabe sem os ver
Ou histórias bem sentidas
Sem que se as possa saber.

Por fim, a quântica verdade
De ser e também não ser,
De Schroedinger o certo fato
De que irá e não o gato morrer.

Pois cada um, bem exato,
Saberá com real certeza
Um de que morreu o tal gato,
Outro de que mia sob a mesa.

BIG-bang

Quatorze bilhões de anos
O universo comemora
Desde que surgiu
De onde o antes não vigora.

Expandiu-se acelerado
Mais rápido do que se pode ser.
Assim, quem tentar olhá-lo
Outra coisa é que vai ver.

Porque a luz tão caprichosa
Que supera o tempo na vida,
Frente à expansão vigorosa,
Perde de longe a corrida.

Então, ao olhar o passado,
Verá que a luz aturdida
Como um pobre estreante
Nem pode completar a corrida.

Ninguém sabe ainda por certo
Se tudo isto é verdade.
Mas é o que se mais se parece
Com a furtiva realidade.

SOLIDÃO

Estar só na multidão imensa
Das ruas e filas da grande cidade.
Pendurado em barras na via intensa,
Cotidiano insano sem sentido ou verdade.

Os seres que existem não são companhia
Àquele que vaga sem nada saber.
Por que vive esta vida absurda e vazia
Ou se há um propósito pra tanto sofrer.

Sem Deus que lhe diga o que deva dizer,
Sem respostas aos sonhos que vê dissolver
No compasso do tempo que insiste tecer
Este manto de espinhos que cobre seu ser.

Poema de ocupar espaço

Este poema só existe
Pelo espaço que sobrou
Entre o fim daquele triste
E o outro que encontrou.

Por isso ele se desculpa
De alguém que esteja a ler,
Esforçado em sentidos,
Tentando compreender.

Deixe para lá o coitado!
Ele é só o que pode ser.
Deixe-o só, abandonado,
Não há o que dele entender.

enco

Um encontro não buscado colhi
Nas fronteiras do habitual.
Descalço, barbas longas, ia ali
Como vai quem não teme seu final.

Encontrei um mendigo no outro lado da rua.
No outro lado da rua, era um mendigo.

Benzia-se louco, pobre mendigo,
Com um gesto ambidestro, sem sentido,
Resignado ao seu absurdo castigo.
Insano, louco, doido varrido!

Encontrei um louco no outro lado da rua.
No outro lado da rua, era um louco.

Mas se a prece estranha era sincera,
Se sua alma clemente por outras O venera,
Se pelas almas dos homens pedia seu canto,

ntro

Não podia ser só mais um louco.
Como um santo rezava este seu credo rouco
E benzia-se ambidestro, por nós, como um santo.

Encontrei um santo no outro lado da rua.
No outro lado da rua, era um santo.
No outro lado da rua há um homem.
Há um homem no outro lado da rua.
Miserável pela minha injustiça,
Louco pela minha incoerência,
Santo pela sua clemência.

Encontrei um homem no outro lado da rua.
No outro lado da rua, era um homem.
Era um homem no outro lado da rua,
E esse homem, afinal, sou eu.

Encontrei-me eu outro.

O que dizer

Deixou mãe e irmãos
Escolhendo conosco seguir.
Comendo com leite a ração
Foi sua forma de assim decidir.

Cabia na palma da mão
No primeiro passeio que deu.
Acolhida com amor e atenção
No lugar que seria só seu.

Carinho de dar e de ter
Sempre foi o seu jeito de ser.
Em folguedos da infância feliz
Petit Joly era seu pedigree.

No champanhe da fofa penugem
O vento chegou de mansinho
Provocando, na sua passagem,
Um tremor no pequeno corpinho.

Tornou-se a mais linda menina.
Duas outras meninas nos deu.
Cada qual da sua forma traquina,
Cada qual do seu jeito cresceu.

a KISSY

Felizes viveram conosco,
Respondendo aos nossos carinhos
Com amor tão sincero que só existe
Nestes nossos queridos cãezinhos.

O tempo passou e a idade
Trouxe o peso que vem com a velhice.
Mas não diminuiu a vontade
De viver que existia na Kissy.

Assim já senil, mas valente,
Viveu com vontade e vigor,
Pois vida era sua patente,
Viver o seu ato de amor.

E foi assim até o dia
Que a chama da vida apagou,
Não por derrota ou fadiga,
Pois da vida jamais se entregou.

Ouça, de algum lugar, se ainda existe,
Meu coração que assim lhe diz:
Que da sua falta, hoje, estou triste,
Mas da sua vida... estou feliz.

Loirinha

Minha querida Gigi,
De olhos da cor de mel,
De pelos os mais sedosos,
Agora brinca no céu.

Sua irmã ainda procura
Por você no seu coxinho,
Embora a pequena Tecka
A distraia no caminho.

Você foi a mais pidonha
Entre as quatro cachorrinhas.
Ao disputarem meu colo
Era você, quase sempre, que o tinha.

Disso eu tenho certeza:
Caso, de fato, Ele exista,
Você estará no Seu colo
Relaxada na conquista.

Assim como viveu,
Também na despedida,
O afago de nós todos
Ampararam sua partida.

Minha querida Gigi,
De olhos da cor de mel,
De pelos os mais sedosos,
Agora brinca no céu.

Choice and Faith

Não escolhi a vida
Tampouco escolhi quem sou.
Nascer já é despedida,
À morte é para onde eu vou.

Os átomos que o corpo empresta
Não puderam decidir,
Como não pode a vida
Seu momento de partir.

O vento nos seus cabelos
Surgiu no primeiro instante,
Assim como espaço e tempo
Das leis ele é resultante.

Arbítrio só é verdade
Nas hordas da ilusão.
A escolha somente existe
Em sonhos e imaginação.

Este Deus amordaçado
A si próprio atou as mãos.
Deixou seus olhos vendados
E à sua sorte a criação.

Não escolhi a vida,
Tampouco escolhi quem sou.
Nascer já é despedida,
À morte é para onde eu vou.

amigos

Com quem falo
Com quem conto
Com quem bebo
Com quem rio
Com quem penso
Com quem sofro
Com quem sou
Quem sou, enfim

o poeta

O poeta não é triste,
O poeta fica triste.

O poeta é gente,
Sente de tudo.
Medo, amor, calor.

Fica de saco cheio,
Se entedia.
Vê como todos veem,
Sem mágica, sem esplendor
Tudo que é de se ver.

O poeta apenas diz
O que todos diriam,
Do jeito que só ele diz.

FONTE: Quadraat
IMPRESSÃO: Grass

#Talentos da Literatura Brasileira
nas redes sociais

novo século®
www.gruponovoseculo.com.br